I Like Biographies! Bilingual

Lee sobre
Tiger Woods
Read About Tiger Woods

Stephen Feinstein

Enslow Elementary
an imprint of
Enslow Publishers, Inc.

40 Industrial Road	PO Box 38
Box 398	Aldershot
Berkeley Heights, NJ 07922	Hants GU12 6BP
USA	UK

http://www.enslow.com

Words to Know

amateur—One who does not play for money.

champion—A winner.

golf course—An area of land for playing golf.

Masters Tournament—One of the most important golf tournaments in the United States.

pro/profesional—Professional, or one who plays for money.

stroke—A swing to hit a ball.

tournament—A series of games.

Palabras a conocer

el amateur—Alguien que no juega por dinero.

el campeón—Un ganador.

el campo de golf—Extensión de terreno para jugar al golf.

el Torneo Masters—Uno de los torneos de golf más importantes de los Estados Unidos.

el pro/profesional—Alguien que juega por dinero.

el golpe—Un *swing* para pegarle a una pelota.

el torneo—Una serie de juegos.

Enslow Elementary, an imprint of Enslow Publishers, Inc.
Enslow Elementary® is a registered trademark of Enslow Publishers, Inc.

Bilingual edition copyright © 2006 by Enslow Publishers, Inc. Originally published in English under the title *Read About Tiger Woods* © 2004 by Enslow Publishers, Inc.

Bilingual edition translated by María Liliana Salvo Sarasola, edited by Susana C. Schultz, of Strictly Spanish, LLC.

Library of Congress Cataloging-in-Publication Data

Feinstein, Stephen.
    Lee sobre Tiger Woods/Read about Tiger Woods / Stephen Feinstein.— Bilingual ed.
        p. cm. — (I like biographies! bilingual)
    Includes index.
    ISBN 0-7660-2743-0
    1. Woods, Tiger—Juvenile literature. 2. Golfers—United States—Biography—Juvenile literature. I. Title: Read about Tiger Woods. II. Title. III. Series.
    GV964.W66F47 2006
    796.352'092—dc22
                                2005020388

Printed in the United States of America

10 9 8 7 6 5 4 3 2 1

To Our Readers: We have done our best to make sure all Internet addresses in this book were active and appropriate when we went to press. However, the author and the publishers have no control over and assume no liability for the material available on those Internet sites or on other Web sites they may link to. Any comments or suggestions can be sent by e-mail to comments@enslow.com or to the address on the back cover.

Every effort has been made to locate all copyright holders of material used in this book. If any errors or omissions have occurred, corrections will be made in future editions of this book.

Illustration Credits: AP/Wide World, pp. 3, 5, 13, 15, 19, 21; Corbis, p. 7; Rudy Duran, pp. 1, 11; Optimist International, p. 17; Photos.com, p. 9.

Cover Illustration: AP/Wide World.

Contents / Contenido

1
Born to Play Golf

Eldrick "Tiger" Woods was born in California on December 30, 1975. His father, Earl, gave him the nickname Tiger.

Earl enjoyed playing golf. He practiced hitting golf balls into a net in his garage. When Tiger was six months old, Earl began bringing him into the garage. Tiger would sit in a highchair, watching Earl's every move.

Nacido para jugar al golf

Eldrick "Tiger" Woods nació en California el 30 de diciembre de 1975. Su padre Earl le puso el apodo de Tiger.

A Earl le gustaba jugar al golf. Él practicaba embocar pelotas de golf dentro una red en su garaje. Cuando Tiger tenía seis meses, Earl comenzó a llevarlo al garaje. Tiger se sentaba en una silla alta y miraba cada movimiento de Earl.

Tiger Woods is one of the greatest golfers ever. He likes to help kids learn to play golf, too.

Tiger Woods es uno de los golfistas más grandes de la historia. A él también le gusta ayudar a los niños a que aprendan a jugar al golf.

One day, when Tiger was eleven months old, he climbed out of the highchair. Tiger picked up his toy golf club. He swung at a golf ball and hit it into the net! When Tiger's mother Kultida came to the garage, Tiger did it again. It was a magic moment. Earl and Kultida knew that Tiger had been born to play golf.

Un día, cuando Tiger tenía once meses, se bajó de la silla alta. Tiger tomó su palo de golf de juguete. ¡Él le pegó a una pelota de golf y la colocó en la red! Cuando la madre de Tiger, Kultida, vino al garaje, Tiger lo hizo de nuevo. Fue un momento mágico. Earl y Kultida supieron que Tiger había nacido para jugar al golf.

Tiger had fun hitting golf balls, just like this girl.

Así como lo hace esta niña, Tiger se divertía pegándole a las pelotas de golf.

2

The Youngest Golfer in the World

Golf is all about hitting a ball into a hole with the fewest strokes possible. It looks easy, but it is really very hard. To become good at golf takes a lot of practice. Earl saw how much Tiger loved hitting golf balls. So even though Tiger was a baby, Earl let him practice as much as he wanted.

El golfista más joven del mundo

El golf consiste en embocar una pelota en un hoyo con la menor cantidad de golpes posible. Jugar al golf parece fácil pero es realmente muy difícil. Ser bueno en el golf lleva mucha práctica. Earl vio cuánto disfrutaba Tiger pegándole a las pelotas de golf. Por eso, a pesar de que Tiger era un bebé, Earl lo dejaba practicar todo lo que Tiger quería.

It is very hard to get the ball into the hole. Sometimes it stops right on the edge!

Es muy difícil embocar la pelota en el hoyo. ¡A veces se detiene justo en el borde!

In 1978, when Tiger was two, Earl took him to a golf course. Tiger swung at the ball with his small club. The hole was 410 yards away. But Tiger got the ball in the hole with just eleven strokes.

Later that year, a TV reporter did a show about Tiger. Then, in October, Tiger went on the *Mike Douglas Show*, another TV show.

En 1978, cuando Tiger tenía dos años, Earl lo llevó a un campo de golf. Tiger le pegó a la pelota con su pequeño palo. El hoyo estaba a 410 yardas de distancia. Pero Tiger embocó la pelota en el hoyo sólo con once golpes.

Ese mismo año, un periodista de TV hizo un programa sobre Tiger. Luego, en octubre, Tiger estuvo en otro programa de TV, el *Mike Douglas Show*.

Tiger was famous before he was three years old. In this picture he is with Rudy Duran, a coach who helped him learn to play golf.

Tiger era famoso antes de los tres años. En esta foto está con Rudy Duran, un entrenador que lo ayudó a aprender a jugar al golf.

3

Tiger Keeps His Eye on the Ball

In the next few years, Earl spent a lot of time teaching Tiger. He taught Tiger the different ways of hitting the ball. He taught him how to pick the right golf club for each type of stroke. He also taught Tiger how to keep his eye on the ball no matter what.

Tiger mantiene la vista fija en la pelota

En los años siguientes, Earl pasó mucho tiempo enseñándole a Tiger. Él le enseñó a Tiger las distintas formas de pegarle a la pelota. Earl le enseñó a Tiger cómo elegir la pelota de golf correcta para cada tipo de golpe. Él también le enseñó a su hijo a mantener su vista fija en la pelota sin importar nada más.

Earl helped Tiger become a champion. Sometimes Earl would make a noise when Tiger was about to hit the ball. This helped Tiger learn not to be bothered by noise when he played.

Earl ayudó a Tiger a convertirse en campeón. A veces Earl hacía ruido cuando Tiger estaba a punto de pegarle a la pelota. Esto enseñó a Tiger que el ruido no debía distraerlo cuando jugaba.

Before Tiger began playing golf, most golfers were white men. Tiger is a person of color—part black, part white, part American Indian, and part Asian. When Tiger began playing in golf tournaments, some people called him ugly names. But Tiger just kept his eye on the ball, and he won almost every game.

Antes de que Tiger comenzara a jugar al golf, la mayoría de los golfistas eran blancos. Tiger es una persona de color, parte negro, parte blanco, parte indoamericano y parte asiático. Cuando Tiger comenzó a jugar en torneos de golf, algunas personas le gritaban cosas desagradables. Pero Tiger sólo mantenía la vista fija en la pelota y ganaba casi todos los juegos.

Kultida, Tiger's mom, is very proud of him. She taught him not to get mad about mean things that people said.

Kultida, la mamá de Tiger, está muy orgullosa de su hijo. Ella le enseñó a Tiger a no enojarse por las cosas malas que decía la gente.

4
Tiger Becomes a Pro

As Tiger grew older, he became more and more famous. Fans loved to watch him hit the golf ball. His swing was perfect. Often he would hit the ball a very long way. It just kept going and going.

Tiger se convierte en golfista profesional

A medida que Tiger crecía, él se hacía más y más famoso. A los admiradores les fascinaba ver a Tiger pegarle a la pelota. Su *swing* era perfecto. Cuando él le pegaba a la pelota la enviaba muy lejos. La pelota seguía y seguía moviéndose.

Tiger played in tournaments with much older golfers and often won.

Tiger jugaba en torneos con golfistas mucho mayores que él y a menudo ganaba.

In 1984, when he was eight, Tiger won his first junior golf championship. As a teenager, he won the title of U. S. Amateur Champion three years in a row—something no one had ever done before. Tiger then turned pro. At twenty-one, he became the youngest player and the first person of color to win the Masters Tournament.

En 1984, cuando tenía ocho años, Tiger ganó su primer campeonato de golf junior. De adolescente, ganó el título de Campeón Amateur de los Estados Unidos tres años seguidos, algo que nadie había logrado antes. Tiger se convirtió entonces en golfista profesional. A los veintiún años, Tiger fue el jugador más joven y la primera persona de color en ganar el Torneo Masters.

Tiger was very happy when he won the Masters Tournament.

Tiger estaba muy contento cuando ganó el Torneo Masters.

At age twenty-five, Tiger had won all of the four major tournaments. Fans called this the "Tiger Slam."

Thanks to Tiger Woods, golf will never be the same again. Thousands of young fans all over the world look up to him.

A los veinticinco años, Tiger había ganado los cuatro torneos más importantes. Sus admiradores llamaron a esto el "Tiger Slam".

Gracias a Tiger Woods, el golf nunca volverá ser igual. Miles de jóvenes en todo el mundo admiran y respetan a Tiger.

Timeline

1975—Tiger Woods is born on December 30 in Cypress, California.

1976—Tiger hits a golf ball for the first time.

1978—Tiger plays on a golf course; he appears on TV on the *Mike Douglas Show* on October 6.

1984—Tiger wins his first junior championship.

1991—Tiger becomes the youngest U.S. Junior Amateur Champion ever.

1996—Tiger turns pro.

1997—Tiger wins his first major championship, the Masters Tournament.

2000–2001—Tiger wins four major golf tournaments—the "Tiger Slam."

Línea del tiempo

1975—Nace Tiger Woods el 30 de diciembre en Cypress, California.

1976—Tiger le pega a una pelota de golf por primera vez.

1978—Tiger juega en un campo de golf; aparece en TV en el *Mike Douglas Show* el 6 de octubre.

1984—Tiger gana su primer campeonato junior.

1991—Tiger se convierte en el Campeón amateur de los Estados Unidos más joven de la historia.

1996—Tiger se convierte en golfista profesional.

1997—Tiger gana su primer campeonato importante, el Torneo Masters.

2000–2001—Tiger gana cuatro torneos de golf importantes: el "Tiger Slam".

Learn More / Más para aprender

Books/Libros

In English/En inglés

Brown, Jonatha A. *Tiger Woods*. Milwaukee, Wisc.: Weekly Reader Early Learning Library, 2005.

Gordon, John. *The Kids Book of Golf*. Toronto, Canada: Kids Can Press, 2001.

Gutelle, Andrew. *Tiger Woods*. New York: Grosset & Dunlap, 2002.

Walker, Pamela. *Tiger Woods*. New York: Children's Press, 2001.

Internet Addresses/Direcciones de Internet

In English/En inglés

Official Junior Golf Web site
<http://www.juniorlinks.com>

Time for Kids Meets Tiger Woods
<http://www.timeforkids.com/TFK/kidscoops/story/0,14989,396393,00.html>

Index

Índice